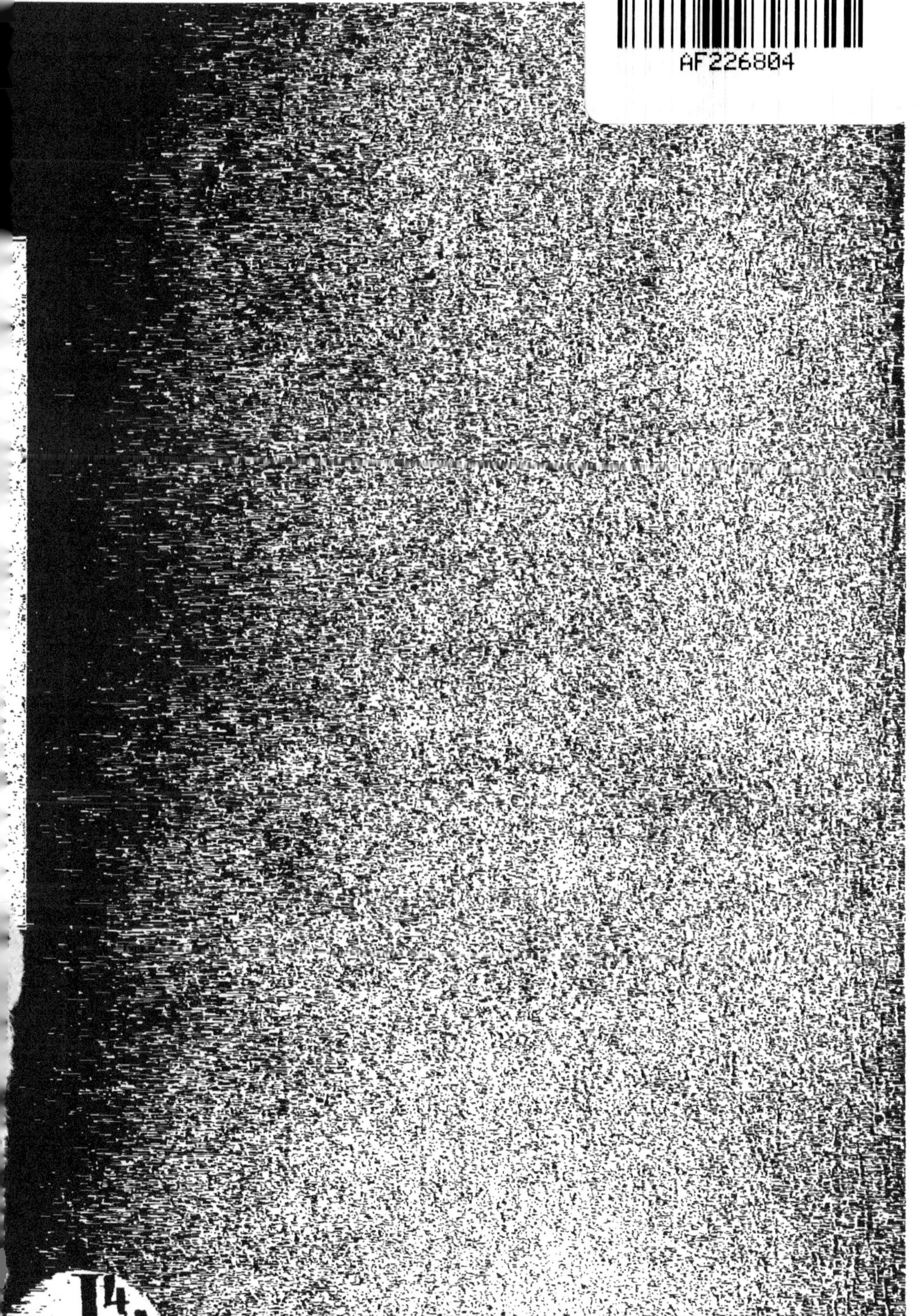

NOTES

SUR LA

CAMPAGNE DE 1812

RECUEILLIES

SUR LES CHAMPS DE BATAILLE DE LA RUSSIE,

PAR

M. GEORGES DE PIMODAN.

—

EXTRAIT DU SPECTATEUR MILITAIRE. (15 JANVIER 1857.)

—

PARIS,

IMPRIMERIE DE L. MARTINET,

RUE MIGNON, 2.

1857.

NOTES SUR LA CAMPAGNE DE 1812

RECUEILLIES

SUR LES CHAMPS DE BATAILLE DE LA RUSSIE.

Les Russes voudraient faire des campagnes do 1812, de 1813 et de 1814 une seule et même guerre ; les inscriptions de plusieurs monuments élevés pour rappeler le souvenir de cette grande époque, les légendes des médailles frappées alors attestent cette tendance, dont le but est de donner une signification immense à la campagne de 1812. Moscou, Krasnoé, la Bérézina, sont, il est vrai, des noms qui rappellent le plus grand événement des temps modernes, des faits qui concoururent plus que tous ceux des campagnes suivantes à amener la chute du maître de l'Europe. En réfléchissant sur cette glorieuse et funeste campagne, il nous semble que les Russes peuvent à juste titre se regarder comme l'instrument dont s'est servie la Providence pour amener les événements qui firent de Napoléon le prisonnier des nations jusqu'alors asservies.

L'intérêt que nous attachons à cette grande époque nous a conduit sur le champ de bataille de la Moskowa, à Valoutina, à Smolensk, à Krasnoé et sur les bords de la Bérézina ; et la pensée que ceux des héros de cette lutte gigantesque qui existent encore, que ceux dont le cœur a battu au récit de nos triomphes et de nos désastres, aimeraient à chercher avec nous la trace des pas de la Grande-Armée, nous a engagé à parler des endroits où le sol a conservé leur empreinte.

LA MOSKOWA.

Le champ de bataille n'est pas, comme on pourrait se le figurer avant d'avoir examiné un plan, une plaine semblable, par exemple , à celle de Wagram ; le terrain, au contraire, est accidenté, inégal, et offre plusieurs mamelons isolés, dont les pentes sont si unies et si régulières, que l'on pourrait croire qu'ils ont été élevés par la main des hommes , si l'histoire par son silence à cet égard ne constatait qu'ils sont l'œuvre de la nature.

Certes, le choix de ce terrain pour livrer une bataille défensive fait honneur au colonel Toll ; il offre sur deux lignes des positions très fortes. En effet, attaquer le centre ou l'aile gauche de l'armée qui occupait la première ligne, et parvenir à les faire reculer, c'était les pousser sur une seconde position rétrograde encore plus favorable à la défense , car son caractère général est de dominer la première. Je ne doute pas que lorsque les communications seront devenues plus faciles, les officiers d'état-major, désireux de s'instruire, ne viennent étudier ce terrain et le parti que les Russes en surent tirer.

C'est sur un mamelon situé à gauche de la route

en venant de Moscou, et dont j'estime l'élévation à
40 mètres environ au-dessus du niveau de la Kolocza,
qu'était la grande redoute. Ses batteries pouvaient
croiser leur feu sur tous les points et dans toutes les
directions par lesquelles on pouvait croire que les
Français allaient venir l'attaquer. La petite redoute
de Schwardino se trouvait être, en outre, perpendi-
culaire sur leur flanc droit, et celle-ci enlevée, les
flèches de Sémenofskoié prenaient encore en flanc les
troupes qui se seraient avancées pour emporter la
grande redoute ou la position du village détruit de
Sémenofskoié.

La droite des Russes, suivant la rive droite de la
Kolocza, était entièrement inabordable ; il eût fallu
d'abord, pour se porter contre elle, passer cette petite
rivière, puis monter à l'assaut d'une berge souvent
à pic, et en plusieurs endroits d'une hauteur de
10 mètres. L'examen attentif du cours de cette petite
rivière, depuis le pont de Borodino jusqu'à son em-
bouchure dans la Moskowa, montre qu'elle a sur une
partie de son cours deux berges sur chacune de ses
rives ; celles qu'elles s'est faites lorsque ses eaux ont
leur hauteur habituelle et coulent dans leur lit d'été
sont de peu d'élévation, mais elle a au-dessus un lit
plus large qu'elle occupe au printemps, et les berges
qu'elle s'est alors formées en déchirant les terres à
l'époque des grandes eaux, sont sur plusieurs points
à pic et de grande élévation : « aussi Napoléon,
» après avoir parcouru deux fois avec la plus grande
» attention le terrain sur lequel on allait se mesurer

» avec les Russes, et avoir mis souvent pied à terre
» pour observer les lieux de plus près, se confirma
» dans l'opinion conçue dès le premier instant, qu'il
» fallait négliger la droite où la position des Russes
» était protégée à partir de Borodino par le lit pro-
» fond de la Kolocza, et se porter contre la gauche
» où les coteaux moins saillants étaient défendus par
» des ravins sans profondeur et sans eau (1). »

Le sommet du monticule, sur lequel était la grande
redoute armée de 21 canons, a été nivelé pour élever un monument en souvenir de cette bataille, et l'on
ne voit plus sur la pente au nord qu'une levée de
terre déjà éboulée et à peine élevée de 1 mètre et
demi au-dessus du sol ; c'est la branche de droite de
la redoute qui lui servait de courtine et qui touche
aujourd'hui à un petit bouquet de bouleaux poussé
probablement depuis 1812 sur cette partie de la
pente, car il n'est point indiqué sur les plans; le ravin humide, creusé par la nature derrière tout le
monticule et dont la berge gauche, d'une hauteur d'environ 2 mètres sur plusieurs points, est couronnée en
partie par ce petit bois, permit sans doute aux Russes,
lorsqu'ils eurent perdu la grande redoute, d'y grou-
per quelques bataillons à l'abri du feu, et de s'élancer
de là pour fondre sur les Français et la reprendre ;
ce ravin était encore un accident du terrain tout à
l'avantage de ceux qui avaient choisi cette position
défensive pour y combattre.

(1) *Histoire du Consulat et de l'Empire*, 14ᵉ vol.

Le monument élevé sur le monticule n'est d'aucun style ni d'aucune époque ; c'est une sorte d'obélisque à six pans sur une base à huit pans en briques peintes en bronze, haut d'environ 15 mètres, et surmonté d'une boule taillée à facettes saillantes, dans laquelle est plantée une croix dorée ; diverses inscriptions rappellent la date de la bataille et le nombre de soldats qui y prirent part. Au pied de cet obélisque, du côté du levant, est enterré Bagration ; une large pierre posée à terre, entourée d'une grille, marque sa tombe, tombe trop modeste pour cet héroïque soldat, et qui fait penser avec peine à la petite pierre, scellée dans le mur de l'église de Saint-Pétersbourg, qui indique la place où repose le vainqueur de Hohenlinden. Cependant l'empereur Nicolas, trop grand pour voir avec ombrage les hommages rendus à la mémoire de sujets illustres, a fait élever des statues de bronze à Kutusoff et à Barclay de Tolly, peut-être dans le but de prouver que dans les pays où le souverain est tout, les hommes avides de gloire peuvent trouver autant d'honneurs que dans ceux où l'opinion publique juge du mérite et décerne les récompenses.

Un invalide, qui est chargé de garder ce monument, m'ouvrit un livre contenant les noms de ceux qui sont venus visiter ces lieux ; leur nombre est bien petit, presque tous sont Russes, il y a deux ou trois Anglais, et pas un seul Français ; je copiai quelques mots écrits en français par un Russe, parce qu'ils me semblent l'expression vraie d'un sentiment. On me permettra peut-être de les transcrire ici :

« 29 août 1841, visitant le champ de la bataille, à laquelle j'ai eu l'honneur et le bonheur de prendre part ; si quelqu'un de mes camarades d'alors visitant ce même champ trouve mon nom dans ce livre, il saura de quels sentiments mon cœur doit être ému là où alors, âgé de quatorze ans, j'ai combattu pour la gloire de notre souverain et de notre patrie. — Le baron de Schilling, capitaine de hussards en retraite. »

Du mamelon de la grande redoute à Sémenofskoié, le terrain creuse légèrement pour se relever vers ce village détruit par les Russes avant la bataille ; après avoir franchi cet espace, je suivis la ligne des légères hauteurs au-dessus desquelles s'était retirée, dès dix heures du matin, la gauche de l'armée russe ; c'est de là sans doute que Murat et Ney voyaient par derrière les corps de l'armée russe, et brûlant d'impatience à l'aspect de tant de résultats possibles, firent inutilement demander la garde à Napoléon pour achever la victoire. Labaume a choisi le moment qui précéda celui-ci pour marquer sur son plan tracé avec une assez grande exactitude l'emplacement des divers corps. Je m'arrêtai longtemps pour étudier le terrain à l'extrême gauche de ces légères hauteurs au point où elles touchent le bois, et me retournant pour voir la grande redoute, je pus juger, en apercevant le haut du monument qui m'en marquait l'emplacement, à quel point elle était alors tournée et l'armée russe débordée ; regardant ensuite sur les plans ce qu'était devenue à ce moment de la journée cette position des Russes dont la gauche avait été d'abord en avant de Schwardino, puis ensuite en rétrogradant, appuyée aux flèches de Sémenofskoié, je crus devoir, sans oser cependant, comme plusieurs écrivains militaires, déverser le blâme, me ranger à l'opinion de ceux qui croient que l'on aurait dû poursuivre ces succès ; mais j'hésite encore à admettre entièrement leur opinion, en me rappelant qu'à Wagram l'armée française, lorsque l'aile droite des Autrichiens venait de repousser la division Boudet dans la tête de pont, fut bien plus tournée que ne l'était en ce moment l'armée russe, et que cependant l'armée française ne perdit pas la bataille, mais la gagna. Napoléon calculait sans doute, en ce moment solennel où se jouaient les destinées de l'Europe, ce qu'il peut y avoir d'énergie et de résistance désespérée dans une armée russe ; mais il avait tellement habitué ses lieutenants sur d'autres champs de bataille, à le voir amener à la suite d'un succès, d'un avantage obtenu sur un point, le désastre de l'ennemi, qu'il est naturel que Murat et Ney, constatant le succès, se soient laissés emporter par la colère, en voyant Napoléon leur refuser les moyens d'amener le désastre.

Ayant traversé l'abaissement du terrain qui plus bas, vers Sémenofskoié, devient un ravin, et qui séparait les Russes des Français, avant que ceux-ci se fussent élevés sur les légères hauteurs dont j'ai parlé, je me dirigeai vers les flèches dites de Sémenofskoié ; l'élévation du terrain vers ce point est peu sensible et me semble trop fortement indiquée sur le plan de l'*Histoire du consulat et de l'empire*, cependant de beaucoup le meilleur de ceux que j'avais entre les mains. Des trois flèches, il n'en existe plus que deux, celle de gauche vers Outitza est bien conservée ; on voit encore très bien les plates-formes des douze canons dont elle était sans doute armée ; celle du milieu est très effacée ; elle semble avoir eu un double fossé qui est aujourd'hui celui d'un jardin cultivé dans l'intérieur ; quant à la troisième, qui était un peu en arrière et regardait Sémenofskoié, elle a entièrement disparu dans les constructions d'un monastère et d'une belle église que la veuve du général Touczkoff, tué à cette bataille, fait élever pour honorer sa mémoire. De là, je marchai dans la direction de Doronino, et laissant Schwardino à droite, j'arrivai au petit monticule d'une régularité parfaite, sur lequel se voit encore la redoute dite de Schwardino, enlevée le 5 au soir, l'avant-veille de la bataille. C'est sur le terrain que je traversai que je vis dans les champs labourés en ce moment le plus grand nombre de débris d'ossements, j'aurais pu ce premier jour en compter plus de 150 ; ce nombre n'est pas étonnant, lorsqu'on songe que plus de 80,000 hommes furent tués et blessés dans cette terrible journée.

Les pentes rapides de ce petit mamelon isolé parfaitement arrondi sont si régulières, qu'on pourrait hésiter au premier aspect à le croire formé par la nature ; l'ouvrage qui était d'une faible élévation est très effacé : c'est un pentagone irrégulier, et c'est par erreur que, sur les plans que j'avais entre les mains, comme sur celui publié par le gouvernement russe, il est indiqué comme un quadrilatère ; sa face la plus large, qui regarde Doronino, a 62 pas de long ; les quatre autres, en tournant à droite, ont 44, 44, 58, 54 pas de long. Descendant ensuite la pente du terrain qui se relève à 250 pas environ pour former un autre mamelon presque semblable au premier, mais moins élevé, sur lequel le général Compans plaça le 5 au soir, avant d'attaquer la petite redoute de Schwardino, des pièces de 12 et quelques tirailleurs choisis, j'arrivai aux maisons de Doronino et demandai aux paysans s'ils n'avaient point quelques débris d'armes ou des boutons de métal trouvés sur le terrain. Je constatai là, comme à Wagram et comme plus tard sur d'autres lieux de combats, combien l'auteur de l'*Histoire du Consulat et de l'Empire* est d'une rigoureuse exactitude dans les détails militaires ; je trouvai là, en effet, un bouton du 111e, l'un des quatre mentionnés dans son livre, comme ayant combattu près de la redoute, le 5 au soir. Je m'en allais m'étonnant de cet heureux hasard qui mettait entre mes mains ce débris d'un régiment devenu historique, lorsqu'un enfant vint à moi me tendant un bouton du 61e également nommé comme ayant attaqué sous les ordres du général Compans.

M. de Ségur raconte que le lendemain de la bataille, quand l'Empereur passa ce régiment en revue, il demanda où était son troisième bataillon : « Il est dans la redoute, » repartit le colonel.

Si de la petite redoute de Schwardino on se dirige

en droite ligne sur Sémenofskoié, on traverse un terrain à peine ondulé ; mais arrivé devant le village, on est arrêté par un ravin profond dont l'escarpement de droite, qui était occupé par les Russes, est d'une hauteur de 4 à 5 mètres, et presque à pic au point où le terrain situé au-dessus avance en un angle saillant ; cet angle est un véritable bastion avec un fossé, et je m'étonnai que les Russes n'aient pas élevé sur ce point une redoute pour le jour de la bataille. Il semble que de front elle eût été plus encore que la grande redoute susceptible d'être défendue à outrance ; elle eût, en outre, été flanquée par le feu des flèches de Sémenofskoié et par celui de la grande redoute. L'emplacement où aurait pu être cet ouvrage est si bien indiqué par la configuration du terrain, que le sol présente là l'aspect d'un vieux mur de forteresse éboulé. En voyant le ravin, je me demandai au premier coup d'œil, s'il n'y avait pas eu là une fortification et un fossé ; cependant je ne vis aucune trace de retranchement, et les plans n'indiquent en cet endroit aucun ouvrage, quoique plusieurs auteurs, qui ont écrit sur cette guerre, parlent d'une levée de terre ou d'un retranchement que les Russes n'eurent que le temps d'ébaucher ; mais le village, ayant été détruit par les Russes avant la bataille, aura sans doute été reconstruit plus près du ravin, et les jardins des maisons, qui viennent le border, auront fait disparaître les traces d'un ouvrage, si toutefois il y en a eu un sur ce point.

Borodino, dont le nom jusqu'alors bien inconnu re-

tentira maintenant dans les siècles, est un pauvre
village dont les maisons sont de bois comme toutes
celles des villages de cette partie de la Russie. L'é-
glise, construite sur la pente d'une hauteur d'où la
vue s'étend sur tout le champ de bataille, porte encore sur sa coupole grecque de tôle peinte en vert la
trace d'un boulet qui l'a traversée de part en part;
les paysans grossiers savent à peine qu'il y a eu là
une grande bataille, et personne ne saurait donner
un renseignement, ce qui peut-être n'est pas à re-
gretter, car il est désagréable, ce me semble, d'être
entouré de guides dont la mémoire pleine d'anecdotes
fausses ou invraisemblables veut faire de chaque accident de terrain le témoin d'un fait d'armes. Près
de l'église est une villa de bois où a logé l'empereur
Nicolas lors des grandes manœuvres qui eurent lieu
à l'occasion de l'érection du monument; les portraits
de la plupart des généraux russes qui combattirent à
cette époque, sont suspendus aux murs, beaucoup ont
été gravés à Londres, car les noms sont en anglais;
attention flatteuse par laquelle les Anglais cherchaient
sans doute à se créer des sympathies dans l'armée
russe pour les exploiter contre leur ennemi.

Les manœuvres, que fit faire alors l'empereur Nicolas, durent être la représentation exacte des diverses phases de la bataille; des officiers de la plupart des armées de l'Europe furent invités à y assister,
j'ignore quels furent ceux qu'y envoya la France;
mais je pense qu'ils durent être très étonnés en suivant les manœuvres sur les cartes détaillées publiées

alors, indiquant la position des combattants aux diverses heures de la journée, de voir sur le dernier plan les bataillons russes établis si près de la grande redoute pendant la nuit qui suivit la bataille, qu'à en croire ce plan, les vaincus auraient pu se chauffer avec les vainqueurs au même feu de bivouac : singulier et inutile effort pour tromper la postérité.

Mais cette prétention n'était pas nouvelle pour moi : car voici de quelle singulière manière j'ai entendu raisonner sur cette bataille : « Nous ne sommes plus au temps, disait-on, où remporter une victoire signifiait faire abandonner par l'ennemi le terrain sur lequel on avait combattu ; aujourd'hui, par suite de l'immense intensité que Napoléon a donnée à la guerre, la bataille ne consiste plus à faire reculer l'ennemi, mais à le détruire et à jeter au loin ses débris dans des directions diverses ; elle n'est plus le but, mais le moyen d'amener le souverain dont l'armée est anéantie à demander la paix, à céder quelque province ou quelque autre avantage : or, Napoléon par cette bataille n'a point atteint ce but, comment les Français peuvent-ils parler de la victoire de la Moskowa (1)? Il est vrai que cette bataille n'a pas amené les grands désastres et les grands résultats de Iéna, de Friedland ou d'Austerlitz ; mais Kutusoff avait

---

(1) Raisonner ainsi ce serait disputer sur le gain de beaucoup de batailles ; ce serait, par exemple contester à l'archiduc Charles le gain de la bataille d'Essling, parce que peu de semaines après Napoléon triompha à Wagram et força l'Autriche à demander la paix, ce qui était le but de la guerre.

choisi cette position défensive pour y livrer bataille,
et y arrêter les Français, et il fut forcé de l'abandonner, après avoir perdu beaucoup plus d'hommes
que l'armée française. Son but était de sauver Moscou, et peu de jours après, les Français étaient à
Moscou et la ville était en cendres.

VALOUTINA.

La grande route, qui de Smolensk se dirige sur
Viazma et Moscou, passe aujourd'hui par Gorbounovo ; en 1812, elle suivait pendant près d'un lieue
et demie la rive droite du Dnieper, longeait le pied
du plateau de Valoutina, traversait peu après trois
faibles cours d'eau, et allait passer le Dnieper à So-
lowiewo. C'est dans la petite vallée, formée par le
troisième cours d'eau, et sur la colline que gravit la
route au delà du pont, qu'eut lieu le sanglant combat
qui reçut le nom de Valoutina, quoique ce plateau
élevé soit éloigné de près d'une lieue de ce point ;
cependant la lutte s'engagea au pied de ce plateau
dont la pente rapide va mourir sur le bord marécageux du Dnieper, et forme un défilé presque impos-
sible à tourner avec de l'artillerie ou de la cavalerie.
Ce point enlevé, un premier cours d'eau, et 1200 pas
plus loin, un second, un peu plus considérable,
nommés par les gens du pays la Kolodnia et la Ko-
logha, sont des obstacles difficiles à franchir, que les
5 ou 6,000 Russes du général Touczkoff, chargés
d'arrêter les Français, défendirent avec opiniâ-

treté pour les empêcher d'arriver au point où la route de Smolensk par Krakhotkino et Gorbounovo venait rejoindre la grande route directe ; mais c'est au passage du troisième cours d'eau et sur la pente rapide que gravit ensuite la route, qu'eut lieu le véritable combat le plus sanglant.

Le général Touczkoff, après avoir défendu le pied du plateau de Valoutina et les deux premiers cours d'eau, forcé d'abandonner ces positions l'une après l'autre par l'impétueuse attaque du maréchal Ney, avait mandé à Barclay qu'il était trop faible pour arrêter les Français ; ce général, sachant de quel désastre était menacée la colonne qui allait venir de Gorbounovo déboucher sur la grande route, si les Français repoussaient Touczkoff au delà du point de débouché et s'en emparaient, avait amené précipitamment sur cette troisième position la tête de la colonne qui marchait par Gorbounovo ; c'est là qu'eut lieu le terrible combat dans lequel périt le général Gudin.

Après avoir parcouru et examiné le terrain tout veiné de filets d'eau entre la route et le Dnieper, il nous semble que la faute reprochée à Junot de n'être point venu prendre en flanc les troupes russes qui défendaient la troisième position, a été peut-être exagérée ; les corps de l'armée française qui combattirent là si vaillamment, mais sans résultat, furent trompés dans leur attente. 5 à 6,000 hommes avaient péri pour l'honneur des armes, les trois positions avaient été enlevées ; mais la colonne qui venait de

Gorbounovo avait eu le temps de déboucher, et les Russes ne laissaient entre nos mains aucun trophée. Junot fut accusé; on lui reprocha son inaction. Que de fois, quoique jeune encore dans le métier des armes, n'avons-nous pas entendu dire : Ah ! si tel général était venu à temps, quel beau succès on aurait eu ! ou quelque phrase semblable.

Il nous semble, après avoir parcouru ce terrain marécageux, que, malgré les difficultés qu'il offrait, le corps de Junot aurait pu aller prendre en flanc les 5 ou 6,000 Russes du général Touczkoff, lorsqu'ils défendaient le pied du plateau de Valoutina ou bien encore la première position ou peut-être même la seconde. Cette attaque, il est vrai, eût sans doute amené le désastre de la colonne de Barclay, car Touczkoff n'arrêtant plus les troupes de Ney, celles-ci auraient été maîtresses de la troisième position avant l'arrivée de Barclay de Tolly ; mais pour ce qui est de marcher à l'attaque du plateau sur lequel ce général réunissait en hâte près de 40,000 hommes et de les prendre en flanc, il nous semble, en examinant le terrain et la direction de Prouditchewo, que Junot, quand même il eût reçu de Napoléon l'ordre d'attaquer, ce qui n'eut pas lieu, ne pouvait tout au plus que venir par un assez long détour se joindre aux corps de Ney et de Davout. Il faudrait, au reste, pour porter un jugement certain sur ce combat et baser une opinion sur le reproche fait à Junot, savoir exactement d'abord à quelle heure il traversa le Dnieper, et ensuite calculer, en suivant sur le terrain la direction qu'il lui eût été possible de prendre, à quel moment il eût pu venir tomber sur la grande route, si, sans attendre un ordre de Napoléon, il se fût de son propre mouvement porté contre les Russes.

Nous dûmes à l'obligeance du colonel Trambetzky de voir, sur le plateau de Valoutina, au-dessus de la pente qui regarde Smolensk, deux grands ouvrages en terre qui datent d'une époque éloignée : l'un est une redoute fermée à quatre faces, l'autre un retranchement d'une grande étendue et d'un tracé irrégulier qui suit les sinuosités du terrain, et semble avoir servi d'enceinte à un camp. Il serait difficile, à ce que je crois, de préciser l'époque à laquelle remontent ces ouvrages, car la redoute, dont le tracé pourrait donner quelque indice, est couverte d'arbres et de broussailles ; cependant je pus me convaincre qu'il n'y avait point aux angles d'emplacements pour des canons. La tradition conserve le souvenir de combats livrés sur ce plateau ; ces ouvrages le témoignent : singulière destinée que celle de certains lieux sur la surface du monde, que les peuples ennemis semblent choisir à des époques plus ou moins éloignées pour y combattre ! Un jour viendra peut-être où les pentes de Valoutina seront encore une fois arrosées de sang.

SMOLENSK.

Les maisons de la vieille ville ont été bâties çà et là, à différentes époques, sur la pente rapide d'un amphithéâtre en hémicycle, au bas duquel coule le

Dnieper ; sur sa crête, un mur entièrement en briques,
de cinq mètres d'épaisseur sur huit de hauteur, entoure
la ville en descendant à droite et à gauche jusqu'à la
rive du Dnieper ; derrière ce mur, deux ravins, par-
tant du même point dans des directions différentes,
longent sa base, et descendent aussi de chaque côté
jusqu'à la rivière ; l'eau, coulant à l'époque du dégel
dans ces ravins, a creusé profondément la terre ; dans
quelques endroits ils touchent presque le pied du
mur, que l'on a été obligé de consolider avec des
fascines, de peur de le voir s'effondrer ; dans les autres endroits où ils s'en écartent, l'epace est occupé
par un fossé d'une profondeur inégale, garni d'un
chemin couvert mal tracé, et par un glacis.

Le mur d'enceinte, étant de la même largeur à sa
base et à son sommet, de nombreux défenseurs peuvent s'y mouvoir facilement, et, couverts par des
créneaux de 2 mètres de hauteur percés de meurtrières
dont le mur est entièrement bordé, ils peuvent en-
tretenir un feu violent contre l'assaillant qui tenterait
d'enlever cette ville par un coup de main ; vingt-neuf
tours, les unes rondes et les autres carrées alternati-
vement, d'une hauteur à peu près double de celle du
mur, sont prises dans la maçonnerie, et s'élèvent à
des distances inégales sur son contour. Cet ensemble
de constructions, et surtout la disposition du terrain,
devaient faire de cette ville, avant l'invention de la
poudre, une des fortes places de l'Europe. La brèche
Sigismonde à droite, et à 150 mètres environ de la
citadelle pentagonale en terre que Ney avait tenté

d'enlever le 16, est encore aujourd'hui, comme
en 1812, fermée par un épaulement de terre en partie éboulé. L'attaque de la ville était d'autant plus
difficile, que des terrains environnants on ne pouvait
en découvrir les bâtiments et plonger dans l'intérieur
comme l'ont cru quelques écrivains militaires; le
clocher de l'église principale est le seul point que
l'on aperçoive au delà du mur d'enceinte.

L'examen du terrain montre que l'on ne pouvait
s'approcher de la ville que par le faubourg de Ros-
lawl, dans la direction duquel eut lieu en effet l'attaque de Davout; car à droite et à gauche, les ravins
dont j'ai parlé, et qui descendent au Dnieper, étaient
un obstacle difficile à franchir. Avant d'avoir achevé
le tour de la muraille, il nous semblait, en considé-
rant son épaisseur et la profondeur des ravins, que
si les Russes n'eussent pas évacué la ville, l'armée
française aurait été arrêtée là pendant plusieurs jours;
car nous mettons en doute la grandeur du dégât et
l'effet produit dans la ville par les obus et les boulets
lancés par-dessus la muraille. Arrivé à l'épaulement
en terre qui fermait la vieille brèche, après l'avoir
gravi plusieurs fois, et avoir bien observé le terrain
environnant, nous avons reconnu qu'avec l'énergie
que l'Empereur avait ordonné de déployer, la ville
eût été, une fois le signal donné, bientôt prise d'assaut.

Si un Français, embrasssant du même coup d'œil
l'enceinte de la ville, le cours du Dnieper, et sur la
droite le plateau de Valoutina, éprouve à cet aspect un

légitime orgueil, il ne peut songer sans tristesse qu'à
l'époque de la retraite, l'armée française, souffrant
déjà de la faim et du froid, jonchant à chaque pas la
terre d'hommes et de chevaux morts, atteignait avec
peine Smolensk, soutenue par l'espérance d'y trouver
des vivres, des vêtements et de s'y arrêter (1); que
là, trompée dans son attente, avec des vivres pour
quelques jours seulement, elle avait encore plus de
160 lieues à franchir jusqu'à la frontière de Russie,
sous un ciel qui devint tellement rigoureux qu'un
paysan des environs de Wilna me disait avoir ramassé
des oiseaux morts de froid le jour où les restes de
l'armée française traversèrent son village.

KRASNOÉ.

La grande route de Smolensk à Krasnoé traverse,
au delà de Koritnia, un pays légèrement ondulé et
boisé çà et là ; à trois quarts de lieues de Krasnoé, le
terrain s'abaisse sensiblement jusqu'au lit d'un large
et gros ruisseau encaissé qui se jette à deux lieues de
là dans le Dnieper, et que les gens du pays appellent
la Lossmina. La route le traverse sur un pont de bois,
gravit ensuite une pente rapide pendant environ
150 pas, et se dirige en droite ligne sur Krasnoé au
milieu d'une plaine découverte et très unie. C'est sur
ce plateau et sur la crête du talus boisé qui descend
jusqu'à la Lossmina, que les Russes déployèrent plus

(1) A Smolensk, l'armée n'était qu'à 93 lieues de Moscou.

de 40,000 hommes, le 16, le 17 et le 18 novembre, pour arrêter successivement les corps du prince Eugène, de Davout et de Ney, qui, marchant isolément et à une journée de distance, vinrent, chacun à leur tour, tenter un héroïque effort pour briser le formidable obstacle que leur opposait l'armée russe, et rejoindre Napoléon.

Les Russes ont élevé un monument au-dessus du ravin, à gauche de la route, au point où elle débouche sur le plateau; c'est, comme à la Moskowa, un obélisque surmonté d'une boule taillée à facettes et d'une croix dorée. Sa base est entourée de seize colonnettes surmontées également de boules, sur lesquelles posent des aigles dorés; sur les faces de l'obélisque, diverses inscriptions disent que, dans les combats des 15, 16, 17 et 18 novembre, l'armée russe fit sur les Français 26,000 prisonniers, et leur enleva 116 canons. Nous ne voulons point discuter le plus ou moins d'exagération de ces chiffres, l'armée française ne ramena point de canons, et l'on en voit encore 365 dans une des cours du Kremlin; pour ce qui est du nombre des prisonniers, il me semble qu'il n'est point juste de vouloir retrancher de ce nombre, avant de discuter son plus ou moins d'exactitude, à ou 10,000 traînards. Je crois les Russes dans leur droit, lorsqu'ils comptent comme prisonniers tous les hommes qu'ils ramassèrent armés ou non armés; mais ce qui est bien singulier, c'est de voir le gouvernement russe élever un monument pour constater que plus de 40,000 Russes ne purent, à trois reprises dif-

férentes, arrêter et vaincre, le 16 novembre 1812,
le prince Eugène avec 6,000 hommes, le 17 novembre, Davout avec 10,000, et que le 18, toute
l'armée russe, aidée d'une puissante artillerie, ne put
faire mettre bas les armes au maréchal Ney, qui
n'avait que 6,000 soldats et 6 canons; car je ne
suppose pas que ce soit pour se glorifier d'avoir çà
et là trouvé 116 canons abandonnés, ou pris en com-
battant un régiment de la division Friederichs réduit
à 78 hommes dont 25 sans blessures, que les Russes
aient élevé ce monument (1).

C'était à l'armée d'Italie, à la division Broussier
périssant pour en sauver les restes, au corps de Davout attaquant sans artillerie l'armée russe à la baïon-
nette, au corps de Ney surtout, qu'il fallait élever des
colonnes d'airain, et graver sur le métal les glorieux
noms de tous ces soldats dont le souvenir vivra autant que le monde.

En m'éloignant du monument russe, j'ai cherché,
le livre de M. le duc de Fézensac à la main, la trace
des pas de cette troupe héroïque dont il fit partie, et
suivant le cours du ruisseau parallèle à la Lossmina
qui la guida jusqu'au Dnieper, je regardais avec
émotion les vieux arbres, témoins de cette marche de
nuit, de ce passage extraordinaire, racontés avec tant

(1) Lorsqu'en 1849, après la guerre de Hongrie, des officiers de
l'armée autrichienne, parcourant avec des colonnes volantes les
gorges de la Transylvanie, trouvaient çà et là des canons de l'armée hongroise abandonnés ou roulés dans les précipices, personne
ne vit là matière à se glorifier et à élever des obélisques.

de simplicité. En lisant ces pages sur le terrain même où se passèrent ces grandes choses, la vérité de l'histoire effaçait peu à peu de ma mémoire les tableaux du roman ; ce livre est un de ceux qu'il faut lire et relire pour bien connaître au point de vue moral les hommes et les événements de cette guerre ; il dit beaucoup en peu de mots, et l'éminent historien de cette mémorable époque y a puisé comme à une source précieuse.

En réfléchissant sur ces combats des 17, 18 et 19 novembre, nous ne comprenons pas comment, lorsque le 16, à Krasnoé, après le combat avec Ojarowski, Napoléon acquit la certitude que toute l'armée russe était sur le plateau, et regretta l'ordre de marche successive donné à Eugène, à Davout et à Ney, on ne parvint pas à envoyer à Davout l'ordre d'attendre Ney ; ces deux maréchaux auraient réuni près de 20,000 des meilleurs soldats du monde, et quoiqu'ils fussent presque sans artillerie (1), ils auraient pu attaquer l'armée russe, la faire plier, et rejoindre l'Empereur. Quant au prince Eugène, Napoléon devait, comme il le fit, le laisser tenter d'arriver jusqu'à lui ; car seul, avec sa garde, il était trop faible pour résister à l'armée russe, et risquait d'être enlevé ; il n'y avait point à lui ordonner d'attendre les deux maréchaux, et il n'était pas très important de lui donner avis de la situation de l'Empereur.

---

(1) Ils n'auraient eu que les six canons du maréchal Ney.

Mais quand Davout, parvenu à rejoindre l'armée après le combat du 17, se mit en marche dans la nuit, il eût fallu à tout prix faire savoir à Ney la résolution qu'on venait de prendre. L'essaya-t-on ? L'histoire n'en dit rien. Ney arrivait en ce moment à Koritnia et n'était qu'à 6 lieues de Krasnoé ; apprenant que l'armée russe tout entière était devant lui et qu'on ne pouvait l'attendre, il eût eu le temps de passer sans combat sur la rive droite du Dnieper ou de prendre toute autre résolution, moins funeste certainement que celle de venir se briser contre l'armée qui garnissait le haut du ravin, au pied duquel coule la Lossmina. Comment ne se trouva-t-il pas quelqu'un de ces intrépides officiers polonais qui, montant au besoin un des propres chevaux de l'Empereur, voulût risquer d'être pris ou tué pour essayer de porter à Davout l'ordre d'attendre Ney, ou à Ney dans la nuit du 17 l'avis qu'on l'abandonnait et qu'il avait devant lui toute l'armée russe ? Tout est possible à un intrépide cavalier, et certes le nom de l'officier qui fût parvenu jusqu'à Davout ou le jour suivant jusqu'à Ney, eût pris place dans l'histoire de cette guerre (1).

(1) En voyant de quelle importance il eût été de faire arriver des ordres ou des avis aux deux maréchaux, et en réfléchissant sur quelques faits de la guerre d'Espagne, mais surtout à l'absence de Grouchy du champ de bataille de Waterloo, alors qu'il n'en était qu'à quelques lieues, il semblerait que dans les états-majors d'alors le service des officiers d'ordonnance laissait à désirer. Nous avons connu des officiers d'ordonnance qui, traversant sur

LA BÉRÉZINA.

Le chemin direct de Borisow à Studianka suit la pente sablonneuse d'un rideau boisé qui borde la rive gauche de la Bérézina pendant environ une lieue ; là, le terrain s'ouvre peu à peu, la Bérézina s'éloigne fortement à gauche en laissant un marais entre elle et le chemin, et le rideau boisé suivant la courbe de la rivière forme un amphithéâtre irrégulier dont le chemin doit gravir la pente pour se diriger en ligne droite sur Studianka.

C'est sur ce terrain ouvert que nous croyons, malgré ce que dit M. de Chambray toujours si exact, mais cependant peu clair quand il parle de cet incident, qu'eut lieu le désastre de la division Partouneaux. M. de Chambray dit que deux brigades de cette division, ployées en masse, suivirent le chemin de Weselowo, et que la troisième marchait à droite dans les terres ; d'après M. Thiers, le général Partouneaux sortit de Borisow, la gauche à la Bérézina, la droite sur les coteaux de Staroï-Borisow, et il essaya de remonter à travers le dédale de bois et de marécages glacés qui le séparaient de Studianka : ceci implique la marche d'une partie au moins de la divi-

quelque point la ligne des tirailleurs ennemis, risquaient leur vie ou sacrifiaient de magnifiques chevaux pour porter un ordre pressé, mais il y en a, dit-on, qui s'arrêtent volontiers dans les bois , soit pour ménager leurs chevaux, soit pour dérober une demi-heure au temps qu'il faut passer sous le feu du canon.

sion Partouneaux sur le chemin sablonneux qui borde
la Bérézina, tandis que, d'après M. de Chambray,
elle aurait pris tout entière la route de Weselowo qui
passe à droite de Staroï-Borisow. Si elle eût suivi
cette route, à moins qu'elle ne se fût rabattue à
gauche (ce que M. de Chambray ne dit pas) sur le
chemin sablonneux qu'il désigne sous le nom de chemin de traverse, qui donc aurait combattu sur le
terrain ouvert dont j'ai parlé? Et l'on y a combattu,
car un heureux hasard m'a fait trouver un biscaïen à
l'endroit où le chemin gravit l'amphithéâtre.

Après avoir bien examiné le terrain, je crois
qu'au moins une grande partie de la division Partouneaux suivit le chemin du bord de la Bérézina, et
qu'arrivée à l'espace ouvert, elle fut, comme dit
M. Thiers, sans cependant préciser le lieu, mais par-
lant de la division entière : « accueillie de front par
» toute l'artillerie russe qui était sur les hauteurs. »
Jetée sur le marais glacé que laisse la Bérézina en
s'éloignant, elle y passa la nuit et capitula au point
du jour.

Le chemin, après avoir passé sur la chaussée d'un
étang et laissé à gauche un moulin abandonné en
cette saison, gravit la hauteur, et traverse des bois de
médiocre venue, éclaircis çà et là par de petits champs
cultivés, il touche ensuite au village de Bytezi, et, entrant en plein bois, il débouche, une demi-heure
après, sur un espace ouvert, amphithéâtre à pente
douce, au delà duquel on voit Studianka, pauvre village d'environ vingt-cinq maisons de bois, bâti à

200 pas de la Bérézina, sur le penchant d'une hauteur sablonneuse qui descend jusqu'à la rive.

Rien n'indique d'abord d'une manière positive les
places où furent les deux ponts ; un paysan m'assu-
rait, en me montrant trois amas de terre de 3 à
4 pieds de haut, que c'était là qu'était un des ponts,
celui d'en bas ; mais ces amas de terre, formés de
celle enlevée à l'entour, semblent aussi bien recouvrir
des cadavres entassés sur le sol qu'avoir servi à l'éta-
blissement du pont ; cependant, en regardant le terrain environnant, je vis plusiéurs ornières, deux surtout très profondes, recouvertes d'herbe fine, qui
arrivaient à angle aigu sur la rive au point indiqué ;
il n'y avait plus à douter, le paysan ne se trompait
pas. Les relations s'accordent à dire que le premier
pont, celui de l'infanterie et de la cavalerie, était
éloigné du second de 100 toises. Je remontai la rive
pendant environ 240 pas, mais je ne vis ni là ni plus
haut aucun signe qui pût marquer son emplacement ;
redescendant alors et observant avec soin, je crus
juger, d'après la situation d'un îlot et surtout d'après
ce que me dirent plusieurs paysans, que ce pont
n'était éloigné de l'autre que de 140 à 160 pas ; tous
indiquaient son emplacement au même endroit ; cependant, un officier qui a fait la campagne (1), et
auquel, depuis mon retour, j'ai posé cette question
de distance, l'estimait être de plus de 240 pas.

La rivière, lorsque je la vis le 30 août 1856, n'a-
vait environ que 70 pas de large, et les paysans

(1) Le commandant de Sorteval, ami de M. de Chambray.

m'assurèrent qu'au milieu de son lit, elle avait en ce moment 7 pieds de profondeur ; à l'époque du passage (26, 27, 28 novembre), elle avait 54 toises de large et 1 de profondeur. Le 21 au soir, d'après le rapport du général Corbineau au maréchal Oudinot, le gué n'avait que 3 pieds et demi de profondeur ; cette grande différence de chiffres ne m'étonne point, lorsque je me rappelle avoir, dans les premiers jours de novembre 1853, traversé à pied sec, en marchant de caillou en caillou, le petit bras du Danube, qui, le premier jour de la bataille d'Essling (Aspern), avait 70 toises de largeur.

En examinant l'espace découvert, au débouché du chemin entre le village et le bois, on comprend que les traînards, bien protégés en cet endroit d'un aspect agréable contre le vent du nord, et bivouaquant au pied des arbres, aient refusé si longtemps, dans la nuit du 28 au 29, de quitter leurs feux pour traverser la rivière ; chacun d'eux comptait sans doute passer le lendemain au point du jour, sans songer que les autres faisant le même calcul, il s'ensuivrait au dernier moment un horrible embarras ; fatale erreur qui causa la perte de tant d'hommes, malgré les sublimes efforts du vertueux général Eblé.

Un des paysans qui m'accompagnaient s'étant arrêté, me montra de la main une élévation de terrain au nord du village : « C'est là, me dit-il, que les Suédois ont passé la rivière, et combattu il y a bien deux cents ans. » J'avais en ce moment oublié ce fait qui n'est rapporté que par deux des historiens de la campagne de 1812 ; c'est bien là, en effet, comme je l'ai vérifié, et non pas à 3 lieues au-dessous de Borisow, comme le dit M. de Ségur, que passa Charles XII avant d'aller perdre la bataille de Pultawa. C'est encore un grand souvenir historique attaché à cet endroit. La similitude des opérations qui facilitèrent le passage de Charles XII et celui de Napoléon est un fait intéressant pour l'histoire de la guerre, et qui prouve une fois de plus que la guerre, comme le dit le général Jomini, est un art soumis à quelques principes peu nombreux. Peut-être relira-t-on ici avec plaisir ce que dit Voltaire du passage de Charles XII : « Après que le roi eut traversé la forêt » de Minski, il se trouva le 25 juin 1708 devant la » rivière de la Bérézina, vis-à-vis Borislow. Le czar » avait rassemblé en cet endroit la plus grande » partie de ses forces ; il y était avantageusement re-» tranché. Son dessein était d'empêcher les Suédois » de passer la rivière. Charles posta quelques régi-» ments sur le bord de la Bérézina, comme s'il avait » voulu tenter le passage à la vue de l'ennemi. Dans » le même temps, il remonte avec son armée 3 lieues » au delà, vers la source de la rivière : il y fait jeter » un pont, passe sur le ventre à un corps de » 3,000 hommes qui défendait ce poste, et marche à » l'armée ennemie sans s'arrêter. Les Russes ne l'at-» tendirent pas, ils décampèrent, et se retirèrent vers » le Borysthène, gâtant tous les chemins, et détrui-» sant tout sur leur route pour retarder au moins les » Suédois. »

Les habitants du village de Studianka trouvent encore aujourd'hui dans la terre et sur le rivage, lorsque l'eau, en se retirant après les grandes crues, entraîne le sable fin, des projectiles et des débris d'armes de toutes sortes ; ils ignorent leur valeur historique, et les tordent ou les brisent pour en faire divers ustensiles de ménage ; je vis un canon de fusil français qui avait peut-être relui sous le soleil d'Égypte ou aux revues du Carrousel, aujourd'hui tout rouillé, servir de tube pour souffler le feu.

Enfin la nuit étant venue, après avoir encore une fois considéré ces lieux, témoins d'un grand drame, je quittai avec peine ce rivage qu'il ne me sera peut-être jamais donné de revoir, et entrant dans le bois déjà obscur, je répétais lentement les mots : Bérézina ! Bérézina ! car mon esprit ne pouvait saisir en une seule pensée tous les souvenirs évoqués par ce nom.